Premarriage Course

Het voorbereiden van een huwelijk dat een leven lang duurt

Neem dit werkboekje bij elke bijeenkomst mee s.v.p.

In Nederland uitgegeven door: Alpha-cursus Nederland
tel. (0343) 745 070
e-mail: info@premarriagecourse.nl
website: www.premarriagecourse.nl

Oorspronkelijke titel: The Marriage Preparation Course - manual

4e druk: februari 2014

ISBN 9077565094

Inhoud

Bijeenkomst 1 – Communicatie 4
De waarde van voorbereiding op het huwelijk
Leren communiceren
Effectief praten
Effectief luisteren

Bijeenkomst 2 – Toewijding 12
Waarom trouwen?
Het huwelijksverbond
Tijd voor elkaar nemen
Het verleggen van loyaliteiten

Bijeenkomst 3 – Conflicten oplossen 19
Conflicten verwachten
Omgaan met boosheid
Elkaars verschillen aanvaarden
Omgaan met financiën
Elkaar vergeven

Bijeenkomst 4 – Liefde levendig houden 29
Onze vriendschap ontwikkelen
Elkaars behoeften ontdekken
Onze seksuele relatie opbouwen

Bijeenkomst 5 – Gedeelde doelen en waarden 37
Je aan elkaar aanpassen
Onze waarden uitwerken
Een gelijkwaardig partnerschap creëren
Geestelijke verbondenheid opbouwen

Bijlagen
1. Klaar voor het huwelijk? 46
2. Efeze 5:21-33 47
3. Leessuggesties uit de Bijbel voor je huwelijk 48
4. De trouwbelofte 49
5. Aanbevolen boeken 51

Notities

Bijeenkomst 1

Communicatie

De waarde van voorbereiding op het huwelijk

- **Weten hoe je moet werken aan een huwelijk**

- het huwelijk is het meest opwindende en meest uitdagende avontuur dat we kunnen ondernemen

- sterke huwelijken ontstaan niet vanzelf

- meer dan 30% van de huwelijken in Nederland gaat stuk

- de beste manier om een huwelijk in stand te houden is erin te investeren

- **Noodzakelijke vaardigheden leren**

- effectief communiceren

- conflicten oplossen

- aan elkaars emotionele behoeften tegemoetkomen

- vriendschap opbouwen

- seksuele relatie ontwikkelen

- rollen in je huwelijk onderkennen

- **Bewust worden van elkaars verschillen**

- verschillende verwachtingen

- onze achtergrond

- culturele verschillen

Leren communiceren

- **Communicatie houdt in: effectief praten en luisteren**

- leerproces dat leidt tot goede gesprekspartners

- **Onze communicatie wordt beïnvloed door:**

1. Onze persoonlijkheid

- extravert of introvert

- rationeel of intuïtief

Notities

Oefening: Hoe we communiceren (tijd: 5 minuten)

Vertel aan je partner hoe jij denkt dat diens persoonlijkheid invloed uitoefent op de manier waarop hij/zij communiceert.

Notities

2. Onze gezinsachtergrond

- sommige gezinnen uiten verschillen direct / andere vermijden dat

- sommige gezinnen zijn rustig / andere luidruchtig

- sommige gezinnen zijn levendig / andere zijn kalm

- sommige gezinnen laten gezinsleden uitspreken / andere vallen elkaar steeds in de rede

3. Onze omstandigheden

- onze baan

- kinderen

- druk van buiten en in ons huwelijk

- **Barrières die effectief communiceren verhinderen**

1. Te weinig tijd

- maak regelmatig tijd vrij voor zinvolle gesprekken

- plan deze tijd (het gebeurt niet vanzelf)

- ingeplande tijd voorkomt non-communicatie en miscommunicatie

- herken het moment dat je alles moet laten vallen om te luisteren

Oefening: Manieren van communiceren (tijd: 10 minuten)

Maak de volgende oefening eerst zelf en spreek er daarna samen over.
Geef met een 'x ' aan waar jij denkt dat jouw eigen familie uitkomt op de lijn tussen de twee uitersten.

Over het algemeen was de communicatie in ons gezin:

Indirect ______________________________ Direct

Vaag ______________________________ Uitgesproken

Ontspannen ______________________________ Gespannen

Niet confronterend ______________________________ Confronterend

Gesloten ______________________________ Open

Luidruchtig ______________________________ Stil

Humoristisch ______________________________ Serieus

Hoe heeft de manier waarop jullie gezin communiceerde toen je opgroeide invloed gehad op jouw wijze van communiceren als volwassene? Wat is het verschil met de manier waarop er in het gezin van je partner werd gecommuniceerd?

Notities

2. Niet praten over onze gevoelens

- gevaar van praten over alleen praktische of oppervlakkige zaken
- delen van onze diepste gedachten en gevoelens is essentieel voor een goed huwelijk
- sommige mensen vinden het praten over hun gevoelens moeilijk omdat ze zich tekort voelen schieten, of zich kwetsbaar of angstig voelen
- durf je partner te vertrouwen en begin ermee je gevoelens aan hem of haar te openbaren
- luister naar elkaar zonder te oordelen of kritiek te leveren

Oefening: Effectief praten (tijd: 10 minuten)

Vraag je partner hoe moeilijk of makkelijk het voor hem/haar is om te praten over zijn/haar diepste gedachten, gedragingen en gevoelens. Zoek uit of je partner werd aangemoedigd om te praten over zijn/haar gevoelens tijdens de opvoeding.

3. Vasthouden aan pijn en afwijzing

- vertel elkaar wanneer en waarom je je afgewezen voelt
- luister en probeer de ander te begrijpen
- blijf verontschuldigend en vergevend naar elkaar

4. Falen in het luisteren naar elkaar

- luisteren is kostbaar

- luisteren vraagt tijd en geduld

- herken en overwin slechte gewoonten zoals:
  - interrupties
  - op een ander onderwerp overstappen
  - advies geven

- effectief luisteren is iets dat we allemaal kunnen leren en doen

- leg je eigen agenda even opzij en probeer de wereld te zien door de ogen van je partner

- span je in om je partner te begrijpen als die anders denkt of voelt dan jij

Notities

'De gave van het zijn van een goede luisteraar - een gave die blijvend geoefend moet worden - is misschien wel de meest helende gave die men kan bezitten. Het is een gave waarmee men de ander niet oordeelt of adviseert, maar die steun biedt op een dieper niveau dan woorden'. (Gerard Hughes)

'Effectief luisteren is niet alleen maar luisteren met je oren, maar, wat nog belangrijker is, luisteren met je ogen en je hart, goed luisteren naar gevoelens, om de betekenis te doorgronden'.
(*Stephen Covey*, 'De zeven eigenschappen van effectief leiderschap')

Oefening: Effectief luisteren (tijd: 15 minuten)

1. Vraag je partner om jou iets te vertellen dat hem/haar dwarszit. Luister zorgvuldig.

2. Geef in eigen woorden weer wat de ander heeft gezegd, in het bijzonder over zijn/haar gevoelens, om aan te geven dat je hem/haar hebt begrepen. Als je het niet begrepen hebt, vraag je je partner het opnieuw te vertellen.

3. Vraag dan: 'Wat houdt je het meest bezig van wat je me hebt verteld?'

4. Geef opnieuw weer wat je partner vertelde.

5. Vraag dan: 'Is er iets dat je zou kunnen doen (of, als dat meer geschikt is: dat ik of wij zouden kunnen doen) aan wat je zojuist hebt gezegd?'

6. Geef opnieuw weer wat je partner zei.

7. Vraag tenslotte: 'Is er nog iets dat je zou willen zeggen?'

Wissel nu de rollen om.

Huiswerk – Bijeenkomst 1

Vul de antwoorden op de volgende vragen hieronder in en bespreek ze daarna met je partner.

1. Ben je een goede luisteraar?

Geef jezelf op een schaal van 1 t/m 10 een cijfer voor je luistervaardigheid:

1 2 3 4 5 6 7 8 9 10

2. Wat voor cijfer zou je je partner geven?

1 2 3 4 5 6 7 8 9 10

3. Wanneer heb je de beste gesprekken gehad over je diepste gedachten en gevoelens? Welke tijden en plaatsen zijn het meest stimulerend voor een goede communicatie?

____

____

4. Wat waren de slechtste plaatsen en tijden om effectief te communiceren? Kun je uitleggen waarom?

____

____

5. Maak de volgende zin af: Ik vind het makkelijker om open en kwetsbaar te zijn naar jou toe, als jij ...

____

____

Deze oefening is overgenomen uit 'Looking up the Aisle?' *van Dave Joyce Ames (Mission to Marriage, 1994)*

Notities

Alvin Toffler, socioloog en bestsellerauteur, schreef dat de mensen van tegenwoordig een wegwerpmentaliteit hebben. Ze bezitten niet alleen wegwerpproducten, maar hebben ook wegwerpvrienden en het is deze mentaliteit die resulteert in wegwerphuwelijken.

Bijeenkomst 2

Toewijding

Waarom trouwen?

- trends in onze cultuur die scheidingen veroorzaken:
  - consumentisme
  - wegwerpmentaliteit

- recent onderzoek laat voordelen zien van stabiele huwelijken voor mens en samenleving

- de bijbelse visie:
'Zo komt het dat een man zich losmaakt van zijn vader en moeder en zich hecht aan zijn vrouw, met wie hij één lichaam wordt'
Genesis 2:24, NBV

- het huwelijk – een vitaal onderdeel van Gods plan voor de menselijke samenleving

Het huwelijk heeft twee doelen:

1. Vriendschap

- *'Het is niet goed dat de mens alleen is'* Genesis 2:18, NBV

- het huwelijk is niet de enige manier om zich tegen de eenzaamheid te weren, maar het is wel de innigste menselijke relatie

- het huwelijk komt tegemoet aan ons verlangen naar intimiteit

Notities

2. Gezinsleven

- ideaal voor opgroeiende kinderen is de aanblik van een intieme, toegewijde, langdurige relatie tussen hun ouders

- een scheiding heeft effect op de volgende generatie

- een sterk huwelijk kan de cirkel van falende relaties doorbreken

Oefening: Voordelen van het huwelijk (tijd: 5 minuten)

Bespreek met elkaar: Wat is, naar jouw mening, de rol van het huwelijk in de maatschappij? Waarom kies je liever voor het huwelijk dan voor samenwonen?

Het huwelijksverbond

- verliefdheid versus duurzame liefde

- verschil tussen een contract en een verbond

- toewijding is een beschermende laag rondom onze relatie

- intimiteit vereist kwetsbaarheid

- kwetsbaarheid vereist vertrouwen

'Liefde en trouw ontmoeten elkaar'
Psalm 85:10, NBV

Notities

- vertrouwen vereist toewijding
- trouwbeloften drukken toewijding uit aan elkaar

Oefening: De trouwbelofte (tijd: 10 minuten)

Lees de trouwbeloften samen door en kies allebei een zin uit die voor jou de belangrijkste is. Verklaar je keuze aan je partner.

Zie bijlage 4.

Tijd voor elkaar nemen

- doe dat! – door het te plannen
- laat het geen routine worden
- schept nieuwe kansen voor effectieve communicatie
- houdt de romantiek, de liefde en het plezier levend

Suggesties om tijd te nemen voor elkaar

1. Dagelijks

- heb elke dag contact met elkaar
- kies het beste moment van de dag
- creëer vaste gewoonten

2. Wekelijks

- plan huwelijkstijd in (schrijf het in je agenda)

- maak van huwelijkstijd prioriteit boven andere tijdsbestedingen

- bescherm je huwelijkstijd tegen interrupties (vrienden, familie, telefoon)

3. Jaarlijks

- houd elk jaar een mini-huwelijksreis

- goed geplande vakanties

Deze suggesties maken onze relatie weer vitaal en doen de romantiek herleven

Notities

Oefening: Tijd voor elkaar nemen (tijd: 15 minuten)

Bespreek wanneer je samen tijd wilt investeren in je huwelijk op dag-, week- en jaarbasis.

Noteer hieronder je plannen:

-
-
-
-
-

Notities

'Als man en vrouw een gemeenschappelijk beleid hanteren en dit samen in de praktijk volhouden, zullen pogingen tot uitbuiting en manipulatie onverbiddelijk stuklopen. Maar elke zwakheid, elk scheurtje in de eenheid tussen man en vrouw biedt schoonfamilie de mogelijkheid om een wig te drijven in het huwelijk.' David Mace

Het verleggen van loyaliteiten

• Weggaan

- het nieuwe zwaartepunt – fysiek, psychologisch en emotioneel afscheid
- trouwdienst in de kerk kan symbolisch afscheid bevatten
- nieuwe structuur in besluitvorming
- huwelijksrelatie heeft prioriteit
- neem zelf jullie beslissingen en steun elkaar daarin

• Respecteren van ouders

- toon dankbaarheid
- onderhoud contact
- neem het initiatief
- beslis samen over het niveau van het contact
- plan belangrijke feesten

• Regelen van de bruiloft

- veel werk!
- een emotioneel proces
- wees bereid compromissen te sluiten

Oefening: Ouders en schoonfamilie (tijd: 10 minuten)

Bespreek samen met elkaar:
Uit de onderstaande lijst, welke mogelijke spanningsvelden met je ouders/ schoonouders voorzie je?

1. Vakanties
2. Kerstmis en andere hoogtijdagen
3. Financiën
4. Bemoeizucht
5. Bezoekfrequentie
6. Lengte van telefoontjes
7. Veranderde loyaliteiten
8. Anders…

Hoe kunnen deze spanningsvelden worden opgelost?

Elkaar tijd geven om alleen te zijn

Twee gevaren:

1. Teveel tijd alleen

- onvoldoende gedeelde interessen

2. Geen ruimte om gescheiden interessen uit te voeren

- zo nu en dan alleen zijn is gezond voor een huwelijk

- vereist wederzijds goedvinden

- brengt nieuwe interessen en verhalen in het huwelijk

- vernieuwt het verlangen om weer bij elkaar te zijn

- noodzaak om een balans te vinden tussen alleen en samen zijn

Notities

Huiswerk – Bijeenkomst 2

Tijd apart

Schrijf de persoonlijke interessen op die je verwacht te ondernemen zonder je partner:

1. ______________________________

2. ______________________________

3. ______________________________

Hoe vaak doe je deze bezigheden en hoeveel tijd kost dat?

1. ______________________________

2. ______________________________

3. ______________________________

Schrijf de persoonlijke interessen op van je partner waarvan je denkt dat hij/zij ze zonder jou doet:

1. ______________________________

2. ______________________________

3. ______________________________

Hoe vaak doet je partner dat en hoeveel tijd kost dat?

1. ______________________________

2. ______________________________

3. ______________________________

Vergelijk nu jullie antwoorden en bespreek ze.

Bijeenkomst 3

Notities

Conflicten oplossen

Conflicten verwachten

- we zijn verschillend
- we zijn van nature allemaal ik-gericht
- we verschuiven van onafhankelijk naar wederzijds afhankelijk

Omgaan met boosheid

- boosheid is op zich niet verkeerd
- twee manieren om verkeerd met boosheid om te gaan:
  - neushoorns – ontploffen
  - egels – verbergen van boosheid
- beide manieren zijn schadelijk en ineffectief om conflicten op te lossen

Oefening – Neushoorns en egels (tijd: 5 minuten)

Ga bij jezelf na of je neushoorn- of egelneigingen hebt als je boos bent. Als je er niet zeker van bent, vraag je partner of hij/zij het weet.

Oefening: Kijk naar verschillen (tijd: 10 minuten)

Geef op elke regel aan waar de voorkeuren liggen van je partner en van jezelf (zie het voorbeeld: M = Man; V = Vrouw)

Vul de oefening afzonderlijk van elkaar in en geef elkaar vervolgens je werkboekje. Bespreek hoe de geconstateerde verschillen elkaar kunnen aanvullen in jullie relatie.

Voorbeeld:

Geld	Uitgeven	_____ M __________ V _____	Sparen
Stiptheid	Altijd op tijd	__ M ______________ V _	Onbezorgd

Onderwerp:

Geld	Uitgeven	____________________	Sparen
Vakantie	Avontuur	____________________	Rust
Mensen	Tijd doorbrengen met anderen	____________________	Alleen zijn
Slapen	Laat naar bed	____________________	Vroeg op
Netheid	Alles netjes en schoon	____________________	Ontspannen in de rommel leven
Onenigheid	Uitvechten	____________________	Vrede bewaren
Televisie	Aanlaten	____________________	Uitdoen
Ontspanning	Uitgaan	____________________	Thuis zijn

Stiptheid	Altijd op tijd ______	Onbezorgd
Planning	Plannen maken en uitvoeren ______	Flexibel & plannen veranderen
Organiseren	Geordend ______	Chaotisch
Beslissingen	Spontaan ______	Zorgvuldig
Familiebezoek	Vaak ______	Zelden
Vrienden	Een hele lijst ______	Een paar goede vrienden
Muziek	Staat altijd aan ______	Op bepaalde tijdstippen
Praten	Spraakzaam ______	Stil
Veranderingen	Houdt van verandering ______	Houdt niet van veranderingen
Initiatieven	Neemt initiatief ______	Reageert liever op ideeën van anderen

Elkaars verschillen aanvaarden

- erken en accepteer elkaars verschillen
- verschillen kunnen elkaar aanvullen
- het ene gedrag is niet beter of slechter dan het andere – alleen anders
- verwacht niet dat de ander verandert

Notities

______

______

______

______

______

______

Notities

- waardeer elkaars sterke punten

- steun elkaar in zwakke punten

Zoek naar oplossingen

Zoek samen naar een oplossing in plaats van elkaar aan te vallen, je over te geven of te onderhandelen

Zes stappen om effectief conflicten op te lossen

1. Druk op de pauzeknop

- is dit een goed moment? ('de 22.00 uur regel')

- is dit een goede plek?

2. Identificeer het onderwerp

- benoem samen het thema dat conflict veroorzaakt

- leg het voor je neer

- richt je op elkaar om er samen aan te werken

3. Bespreek het onderwerp in plaats van elkaar erop aan te vallen

- leer je te beheersen

- voorkom etiketten (bijvoorbeeld: 'Jij doet altijd…' / 'Jij gaat nooit…')

- gebruik 'ik-boodschappen' (bijv.: 'Ik voel me gekwetst als …')

4. Luister naar elkaar

- probeer elkaars standpunt te begrijpen

- laat elkaar om de beurt spreken

5. Werk mogelijke oplossingen uit

- spreek over verschillende mogelijkheden

- het kan helpen om een lijst te maken

6. Kies de beste oplossing voor je relatie en ga na of die werkt

- als de gekozen oplossing niet werkt, probeer dan een andere oplossing

- als je er samen niet uitkomt, zoek dan hulp

Notities

Oefening: Gebruik maken van de zes stappen (tijd: 15 minuten)

Bespreek samen:

Welke conflictoplossende patronen (of mislukte patronen) heb je waargenomen in het huwelijk van je ouders?

Wat zijn de valkuilen voor conflicten in jullie relatie?

Waardoor loopt een conflict uit de hand en wat is voor jullie een reden om de pauzeknop in te drukken?

Wat is voor ieder van jullie de belangrijkste stap van de zes stappen om een conflict op te lossen?

Notities

Omgaan met financiën

- het huwelijk houdt in: samen alles delen

- maak tijd vrij om over jullie financiën te praten

- een verschillende houding t.o.v. financiën kan spanning veroorzaken

- beslis wie zich met de financiën zal bezighouden

- herken jullie verschillende manieren van omgaan met geld (ben je meer een spaarder of geef je makkelijk uit?)

- hoe sta je er financieel precies voor?

- bereken je gezamenlijke inkomen

- bereken vooruit wat jullie uitgaven zullen zijn

- maak een begroting (bespreek de balans tussen uitgeven, sparen en schenken)

- pas op voor teveel uitgeven (hou de creditcard/pinpas in de gaten)

- bespreek het terugbetalen van schulden als je die hebt

- spreek openlijk over je gevoelens betreffende financiën

- de ontwikkeling van een dynamisch partnerschap vereist:

- eerlijkheid over het heden

- vergeving voor wat er in het verleden is gebeurd

- eensgezindheid over de toekomst

(Zie ook: het huwelijksboek Ik ook van jou, bijlage 3, Een begroting opstellen)

Notities

____

____

____

____

Oefening: Bespreek je financiële situatie (tijd: 10 minuten)

Vul je antwoorden op de volgende vragen in en bespreek ze daarna.

1. Beschrijf je houding/gedrag bij het winkelen (meerdere antwoorden mogelijk):
- ❑ Een bron van plezier
- ❑ Ik geniet van het lopen langs etalages
- ❑ Ik vind het leuk cadeautjes te kopen
- ❑ Ik doe het zo nu en dan om er eens uit te zijn
- ❑ Ik doe het impulsief en verspil soms geld
- ❑ Ik koop alleen essentiële zaken
- ❑ Het ligt eraan wat ik koop, waar en wanneer
- ❑ Ik vermijd het als het maar enigszins kan

2. Maak je je zorgen als je geld op is? ❑ ja ❑ nee

3. Wil je een gezamenlijke bankrekening? ❑ ja ❑ nee

4. Wil je aparte rekeningen houden? ❑ ja ❑ nee

5. Hoe wil je balans krijgen in uitgeven, sparen en schenken? ______________________________

____

6. Wil je een begroting maken? ❑ ja ❑ nee

7. Kun je de controle houden over je creditcard/pinpas? ❑ ja ❑ nee

8. Heb je schulden? ❑ ja ❑ nee

Zo ja, hoeveel ongeveer? ______________________

Bespreek je plannen om de lening(en) terug te betalen

____

9. Hoeveel mag ieder van jullie uitgeven zonder de ander hierover te raadplegen?

____

10. Wie gaat zich met de financiën bezighouden? ❑ Samen ❑ Man ❑ Vrouw

Notities

____

____

____

____

____

____

____

____

____

____

____

____

____

____

Elkaar vergeven

Pijn is onvermijdelijk. Er is een eenvoudig maar krachtig genezingsproces:

1. Identificeer de pijn

- vertel je partner wanneer je gekwetst werd door hem/haar

2. Leer 'het spijt me' te zeggen

- trots kan het moeilijk maken om dit te zeggen

- het opent de weg voor bespreking en verandering

3. Vergeving

- vergeving is een van de grootste krachten voor genezing in een huwelijk

- vergeving IS NIET:

  - vergeten dat er pijn ontstond

- net doen alsof het niet de moeite waard was

- confrontatie met het verkeerde en pijnlijke gedrag van je partner vermijden

- vergeving IS:

  - het verkeerde dat ons is aangedaan tegemoet treden

  - de emoties in jezelf herkennen

  - ervoor kiezen om niet boos te blijven op je partner

  - geen zelfmedelijden te blijven koesteren

- vergeving is eerst en vooral een keuze, niet een gevoel

  - nieuwe gevoelens ontstaan na vergeving

  - vergeving maakt boosheid en wrok ongedaan – hoewel we nog steeds pijn kunnen voelen tot de genezing volledig heeft plaatsgevonden

  - vergeving is een proces – we moeten steeds opnieuw vergeven (soms dagelijks)

  - we vergeven uit dankbaarheid vanuit de vergeving die wij hebben ontvangen

Notities

'Het woord wrok drukt uit wat er gebeurt als de cirkel van schuld niet wordt doorbroken. Het betekent letterlijk 'weer voelen', 'weer geraakt worden': wrok laat het verleden niet los, herbeleeft het telkens weer, blijft steeds knagen aan de wond, zodat die nooit geneest.' (Philip Yancey, Genade, wat een wonder!)

'Verdraag elkaar en vergeef elkaar als iemand een ander iets te verwijten heeft; zoals de Heer u vergeven heeft, moet u elkaar vergeven'.
Kolossenzen 3:13, NBV

'De liefde rekent het kwaad niet aan'.
1 Korintiërs 13:5, NBV

Huiswerk – Bijeenkomst 3

Spreek samen een geschikte tijd en plaats af om één belangrijke kwestie te bespreken die onenigheid tussen jullie veroorzaakt.

1. Identificeer de kwestie ______________________________

2. Hoe hebben jullie in het verleden op deze kwestie gereageerd?

Ik ______________________________

Jij ______________________________

3. Schrijf op wat je het moeilijkst vindt aan deze kwestie

Ik ______________________________

Jij ______________________________

Bespreek samen wat je opgeschreven hebt. Spreek om de beurt en luister goed naar elkaars standpunt zonder beschuldigingen of kritiek.

4. Brainstorm over mogelijke oplossingen – sla in dit stadium geen enkel idee over:

I ______________________________

II ______________________________

III ______________________________

IV ______________________________

5. Bespreek de oplossingen om te zien welke oplossing het best zou kunnen werken.

6. Probeer deze oplossing uit. Als die niet lijkt te werken, probeer dan een van de andere oplossingen in punt 4.

Bijeenkomst 4

Liefde levendig houden

Notities

Onze vriendschap ontwikkelen

1. Vrienden vertrouwen elkaar

- geen geheimen

2. Vrienden spreken met elkaar

- het belang van samen eten

3. Vrienden hebben samen plezier

- gedeelde ervaringen leiden tot gedeelde herinneringen en stimuleren de conversatie

Oefening: Opbouwen van vriendschap (tijd: 10 minuten)

Maak een lijst van activiteiten waarvan je geniet als je ze nu samen doet.
Hoe kun je je ervan verzekeren dat je deze dingen na vijf / tien / vijftien jaar huwelijk nog steeds samen doet?

- __________
- __________
- __________
- __________
- __________
- __________

Notities

Elkaars behoeften ontdekken

- leer te herkennen hoe de ander zich bemind voelt

- vijf manieren waardoor we liefde kunnen tonen en ontvangen:

  1) positieve woorden
  2) samen zijn/tijd voor elkaar nemen
  3) de juiste cadeautjes
  4) lichamelijke genegenheid
  5) dienen/vriendelijke handelingen

(*Uit Gary Chapmans uitstekende boek:* De vijf talen van de liefde)

- vergelijkbaar met verschillende talen om je liefde te communiceren

- de een zal zijn liefde beter onder woorden kunnen brengen dan de ander

- de partner kan anders reageren dan je denkt

- maak er een gewoonte van om je liefde te communiceren op een manier die de ander begrijpt en ook zo wil ontvangen

- het is nodig de liefdestalen van je partner te leren

- werk eraan, oefen en breng het in praktijk

Oefening: Ontdek je 'liefdestaal' (tijd: 10 minuten)

Schrijf zes specifieke gelegenheden op, waarin je in het bijzonder de liefde van je partner voor jou hebt gevoeld.

Ik heb jouw liefde voor mij gevoeld toen:

1. ______________________________

2. ______________________________

3. ______________________________

4. ______________________________

5. ______________________________

6. ______________________________

Probeer, uitgaande van de zes hierboven genoemde voorbeelden, de vijf 'liefdestalen' in volgorde van belangrijkheid voor jou op te schrijven. Probeer daarna te bedenken welke volgorde je partner noteert en schrijf die hieronder op. Als je allebei klaar bent, laat elkaar dan zien wat je genoteerd hebt.

Voor jou Nr. 1 – 5 (1 = meest belangrijk)	Liefde uitgedrukt in	Voor je partner Nr. 1 – 5 (1 = meest belangrijk)
☐	**Woorden**	☐
☐	**Tijd**	☐
☐	**Cadeautjes**	☐
☐	**Aanraking**	☐
☐	**Handelingen**	☐

Notities

'Vertrouwen is een van de eerste vereisten voor een goed seksleven. Als de partners elkaar vertrouwen, kunnen ze genieten van het geven en het ontvangen, maar als een partner de ander gebruikt, ontstaat er spanning.' ('Marriage and its Modern Crisis', *Alan Storkey*)

Onze seksuele relatie opbouwen

Seks

- communicatie op het diepste niveau van onze persoonlijkheid
- een vitaal en integraal deel van het huwelijk
- gegeven om van te genieten en niet alleen voor de voortplanting
- goede seks is op de ander gericht
- is destructief buiten een vaste relatie
- een uitdrukking van liefde binnen de beslotenheid van het huwelijk
- houdt in: overgave aan elkaar

Oefening: Seks en toewijding (tijd: 10 minuten)

Bespreek de grenzen die jullie willen hanteren voorafgaand aan jullie huwelijk en kom tot overeenstemming.

'Wek de liefde niet, laat haar niet ontwaken voordat zij het wil'
Hooglied 2:7; 3:5; 8:4, NBV

Hoe je je seksuele relatie opbouwt

Zes geheimen om de seks levendig te houden

1. Zie het als een reis

- een ontdekkingsreis gedurende je hele leven

- het belang van plezier
- het groeien van begrip van en voor elkaar
- praat over verwachtingen en angsten
- plan ontspannende wittebroodsweken
- plaats seks niet in een hokje
- seksuele intimiteit beïnvloedt ieder aspect van je huwelijk
- seks is niet de slagroom op het toetje, het is een vitaal onderdeel van het toetje zelf

2. Wees bereid om te praten

- verschillen in seksualiteit bij mannen en vrouwen
- seksuele reacties kunnen nogal eens verschillen
- het kan moeilijk zijn erover te praten vanwege het zeer persoonlijke en de noodzaak van een kwetsbare opstelling
- vertel elkaar wat je opwindt en waar je op afknapt
- houd de ander niet in het onzekere over wat je prettig vindt en wat niet

3. Aan seksuele problemen kun je werken

Notities

Notities

- de meeste stellen komen op bepaalde momenten problemen tegen in hun seksuele relatie

- problemen die het gevolg zijn van misbruik of andere seksuele trauma's uit het verleden kunnen professionele hulp vereisen (vraag je cursusleider om raad)

- andere problemen kunnen over het algemeen samen worden opgelost, zoals:
  - een laag zelfbeeld en ontevredenheid over je lichaam
  - vermoeidheid
  - verschillende niveaus van verlangen

- de meeste problemen waar koppels mee te maken krijgen, komen regelmatig voor
  - begraaf het probleem niet
  - spreek er samen over
  - lees samen een boek over seks om je te helpen erover te praten
  - problemen wil nog niet zeggen dat je faalt
  - zoek hulp indien nodig

4. Het omgaan met seksuele ervaringen uit het verleden

- eerdere relaties kunnen jaloezie en wantrouwen veroorzaken

- ga na of dit een kwestie is voor een van jullie

- wees eerlijk naar elkaar toe

- los de kwestie op door praten, vergeving en gebed

- zet definitief een punt achter eerdere relaties

- het kan nodig zijn om brieven, dagboeken en foto's te vernietigen

5. Bespreek gezinsplanning en het krijgen van kinderen

- bespreek beide punten voor je gaat trouwen

- kom tot een gezamenlijke beslissing

- kinderen veranderen de bestaande huwelijksrelatie

- lees een christelijk boek over gezinsplanning (zie bijlage 5)

6. Geloof niet alles wat je hoort

- vermijd vergelijkingen

- ieder huwelijk is uniek

- lichamelijke relaties zullen in de loop van het huwelijk veranderen

Notities

Oefening: Praten over seks (tijd: 10 minuten)

Praat samen over wat voor jullie belangrijk is om een goede seksuele relatie op te bouwen.

Huiswerk – Bijeenkomst 4

Beslissingen nemen

Deze oefening is bedoeld om je voor te bereiden op bijeenkomst 5.

Zet in de linkerkolom wie er wat besliste in het huwelijk van je ouders of stiefouders. Geef de invloed weer in procenten, bijvoorbeeld: 50:50, 70:30 of 90:10.

Zet in de rechterkolom jouw verwachtingen betreffende je eigen huwelijk.

Bespreek wat je hebt opgeschreven met de ander. Als je uit een eenoudergezin komt, vul dan alleen de rechterkolom in.

Mijn ouders Vader : Moeder	Beslissingen	Ons huwelijk Man : Vrouw
:	Keuze van een nieuwe auto	:
:	Keuze van de woonplaats	:
:	Keuze van het meubilair	:
:	Keuze van servies/bestek	:
:	Keuze van eigen kleding	:
:	Keuze van vakantie	:
:	Keuze van aankleding van het huis	:
:	Keuze van schilderijen	:
:	Keuze hoe de kinderen op te voeden	:
:	Keuze van tv-programma's	:
:	Keuze van het eten	:
:	Keuze van aantal kinderen	:
:	Keuze van baan echtgenoot	:
:	Keuze van baan echtgenote	:
:	Bepalen hoe het geld besteed wordt	:

Bijeenkomst 5

Gedeelde doelen en waarden

Je aan elkaar aanpassen

Het huwelijk biedt ons de grootste mogelijkheden en is de ultieme uitdaging

Het vraagt van ons:

1. Een verandering in ons gedrag

- verwacht meer te geven dan te nemen

- zie af van bepaalde zaken / doe concessies

2. Genezen van het verleden

- we kunnen overgevoelig reageren als resultaat van onze opvoeding

- het is nodig om onze reacties kritisch te beschouwen en ons af te vragen: 'Is het redelijk wat ik doe of zeg'?

- verandering is mogelijk

  - dit houdt in dat we over onze reacties praten

  - het houdt ook in dat we hen vergeven die ons in het verleden pijn hebben gedaan of in de steek hebben gelaten

Notities

Notities

3. Het afzien van onrealistische verwachtingen

- het huwelijk kan niet aan al onze behoeften tegemoet komen

- onrealistische verwachtingen leiden tot een neerwaartse spiraal

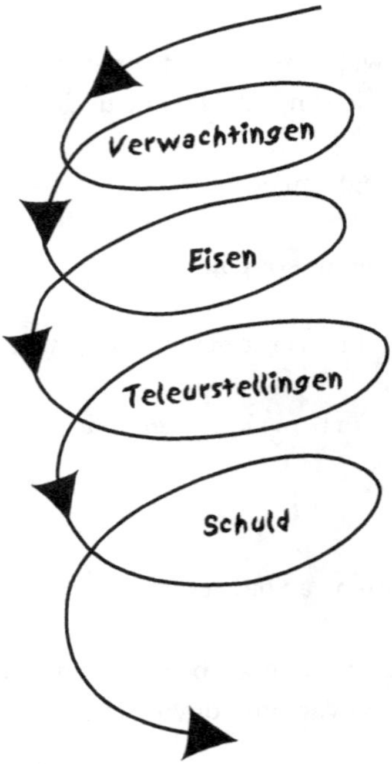

4. Dagelijks je waardering tonen

- geen huwelijk houdt stand zonder waardering

- spreek je waardering voor elkaar uit, zelfs wanneer je er helemaal geen behoefte toe voelt

Oefening: Waardering tot uitdrukking brengen (tijd: 10 minuten)

Maak een lijst van de sterke punten en kwaliteiten van je partner die je het meest in hem/haar bewondert:

1. ______________________

2. ______________________

3. ______________________

4. ______________________

5. ______________________

6. ______________________

7. ______________________

8. ______________________

Lees daarna om de beurt voor aan je partner wat je hebt opgeschreven.

Onze waarden uitwerken

- onze waarden bepalen onze beslissingen en keuzes

- verschillende persoonlijkheden met dezelfde kernwaarden

- praten over onze dromen, ambities, hoop en verlangens

- onze prioriteiten stellen

Notities

____

____

____

____

____

____

____

Notities

Welke waarde hecht je aan:

1. Vriendschappen

- verrijken ons leven en huwelijk
- al onze relaties dienen opnieuw bekeken te worden

2. Kinderen

- kunnen een echtpaar dichter bij elkaar brengen of uit elkaar drijven
- noodzaak om tijd in te plannen voor elkaar

3. Banen

- wedijver niet met elkaar
- bemoedig elkaar
- praat erover wat er gebeuren gaat als en wanneer je kinderen krijgt
- het is goed om te praten over wat je samen hoopt te bereiken – om een visie voor jullie huwelijk te ontwikkelen

Oefening: Onze waarden in praktijk brengen (tijd: 15 minuten)

Kies ieder vijf kernwaarden uit en zet ze onder elkaar.

Zet erachter hoe je die kernwaarden in de toekomst wilt invullen in je leven. Gebruik de voorbeelden van waarden hieronder als hulp, maar laat je er niet door beperken. Als je klaar bent, vergelijk en bespreek dan elkaars antwoorden.

Voorbeelden van waarden:

gezondheid, creativiteit, huwelijksrelatie, sport, levensbestemming/baan, goed beheer van geld en bezit, maatschappelijke betrokkenheid, avontuur, plezier hebben, gastvrijheid, vriendschappen, zorg voor het milieu, opvoeding, educatie, spiritualiteit/relatie met God, familie, vrijgevigheid, kerkelijke activiteit.

Voorbeelden hoe je een waarde zou kunnen invullen:

- *Relatie met God: zoek de gelegenheid elke dag samen te bidden voor elkaar*
- *Onze huwelijksrelatie: maak elke week tijd vrij om samen iets leuks te doen*

Waarden:

1. ____________________ : ____

2. ____________________ : ____

3. ____________________ : ____

4. ____________________ : ____

5. ____________________ : ____

Notities

'Aanvaard elkaars gezag uit eerbied voor Christus'
Efeziërs 5:21, NBV

Een gelijkwaardig partnerschap creëren

- we moeten bepalen:
  - wie wat doet
  - wie wat beslist
  - wie de leiding neemt in de diverse gebieden van het huwelijk

- aannames vanuit het huwelijk van onze ouders

- praten over onze verwachtingen

- het Nieuwtestamentische model
  - vraagt wederzijdse toewijding (zie bijlage 2)
  - de mannelijke dominantie wordt aangetast

- de verschillen tussen man en vrouw
  - wat is het gevolg van de schepping en wat van de cultuur?
  - de kracht van de man is gegeven ter bescherming en niet om te domineren en te onderdrukken

- ontworpen om elkaar aan te vullen
  - onderwerping aan de ander is de sleutel voor een liefderijk huwelijk

Het uitwerken van rollen binnen het huwelijk

- wie is waarvoor het meest geschikt?

- rollen zullen waarschijnlijk veranderen in de loop der jaren

- rollen en verantwoordelijkheid

Oefening: Rollen en verantwoordelijkheden (tijd: 10 minuten)

1. Noem ieder zes gebieden waar je van verwacht dat jij daar verantwoordelijk voor gaat worden. Bijvoorbeeld: huishouden, badkamer schoonmaken, afval verwijderen, koken, rekeningen, vakanties organiseren, strijken, brieven schrijven, autorijden, kaartlezen, geld verdienen, tuinieren, verzekeringen, winkelen, enz.

1. ____________________ 4. ____________________

2. ____________________ 5. ____________________

3. ____________________ 6. ____________________

2. Noem zes gebieden waarvan je verwacht dat je partner de verantwoordelijkheid op zich zal nemen:

1. ____________________ 4. ____________________

2. ____________________ 5. ____________________

3. ____________________ 6. ____________________

3. Noem zes gebieden waarvan je verwacht dat je gezamenlijk verantwoordelijkheid neemt:

1. ____________________ 4. ____________________

2. ____________________ 5. ____________________

3. ____________________ 6. ____________________

4. Als je klaar bent, vergelijk dan elkaars lijstjes.

5. Op welke gebieden verwacht je dat je partner de leiding neemt in je huwelijk?

____

____

Notities

'Een koord dat uit drie strengen is gevlochten, is niet snel stuk te trekken'
Prediker 4:12, NBV

Geestelijke verbondenheid opbouwen

Zoals we ontvangen van God, zo zijn we in staat de ander te geven

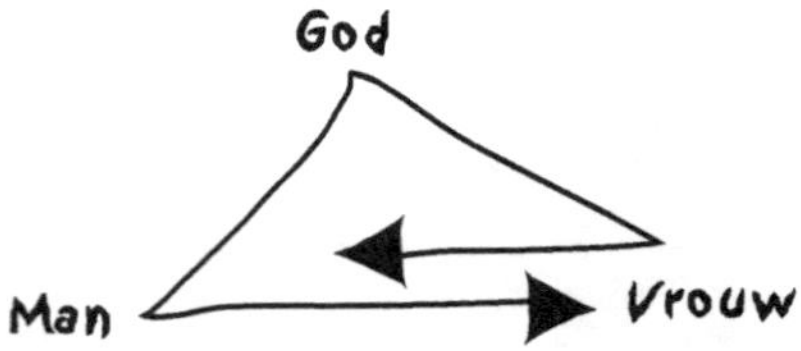

Samen bidden voor elkaar kan grote intimiteit geven

- dagelijks gebed – 'wat kan ik vandaag voor je bidden?'
- richt je op de behoeften van de ander
- accepteer dezelfde verzoeken elke dag
- begin met dankzegging
- bidden gaat niet zomaar – het moet worden ingepland

Oefening: Geestelijke verbondenheid (tijd: 5 minuten)

Vertel aan elkaar wat de driehoek God-Man-Vrouw voor jou betekent, als het iets voor je betekent, en of je graag samen regelmatig zou willen bidden.

Huiswerk – Bijeenkomst 5

Breng in praktijk

Drie dingen die ik in het bijzonder wil onthouden en in praktijk brengen van de Premarriage Course:

1. ____

2. ____

3. ____

Laat je partner zien wat je opgeschreven hebt.

Vraag nu hem/haar: 'Welke drie dingen in het bijzonder wil je me van de cursus laten onthouden en in praktijk laten brengen?' Schrijf ze hieronder op:

1. ____

2. ____

3. ____

Bijlage 1: Klaar voor het huwelijk?

(zie: *Ik ook van jou* – Aanhangsel 1)

- **De delentest**
  Wil ik het vervolg van mijn leven met mijn partner delen?

- **De krachttest**
  Geeft onze liefde mij energie en kracht of raak ik erdoor uitgeput?

- **De respecttest**
  Respecteer ik mijn partner?

- **De gewoontetest**
  Aanvaard ik mijn partner zoals hij/zij is (slechte gewoonten enz.)?

- **De ruzietest**
  Zijn we in staat onze tekortkomingen toe te geven, ons te verontschuldigen en elkaar te vergeven?

- **De interessentest**
  Hebben we gemeenschappelijke interessen als een basis voor vriendschap?

- **De tijdtest**
  Hebben we elkaar onder allerlei omstandigheden leren kennen en hebben we samen allerlei situaties met goed gevolg doorstaan?

Deze testen zijn in aangepaste vorm overgenomen uit *Ik ben met jou getrouwd* van Walter Trobisch (1973).

Als je de bovenstaande vragen niet met 'ja' kunt beantwoorden, willen we je voorstellen, dat je je gevoelens bespreekt met iemand anders dan je partner.

Bijlage 2: Efeziërs 5:21-33

'Aanvaard elkaars gezag uit eerbied voor Christus. Vrouwen, erken het gezag van uw man als dat van de Heer, want een man is het hoofd van zijn vrouw, zoals Christus het hoofd is van de kerk, het lichaam dat hij gered heeft. En zoals de kerk het gezag van Christus erkent, zo moeten vrouwen in ieder opzicht het gezag van hun man erkennen. Mannen, heb uw vrouw lief, zoals Christus de kerk heeft liefgehad en zich voor haar heeft prijsgegeven om haar te heiligen, haar te reinigen met water en woorden en om haar in al haar luister bij zich te nemen, zodat ze zonder vlek of rimpel of iets dergelijks zal zijn, heilig en zuiver. Zo moeten mannen hun vrouw liefhebben als hun eigen lichaam. Wie zijn vrouw liefheeft, heeft zichzelf lief. Niemand haat ooit zijn eigen lichaam, integendeel: men voedt en verzorgt het, zoals Christus de kerk, want dat is zijn lichaam en wij zijn de ledematen. Daarom zal een man zijn vader en moeder verlaten en zich hechten aan zijn vrouw, en die twee zullen één lichaam zijn. Dit mysterie is groot – en ik betrek het op Christus en de kerk. Maar ook voor elk van u geldt dat ieder zijn vrouw moet liefhebben als zichzelf, en dat een vrouw ontzag moet hebben voor haar man' (NBV).

1. De context van de hele passage is: *'Aanvaard elkaars gezag uit eerbied voor Christus'* (Ef. 5:21). (Aanvaarden is het tegenovergestelde van 'heersen over' of 'controle uitoefenen over iemand'. Het huwelijk is bedoeld als een relatie van wederzijds geven om elkaar te dienen en om de behoeften van de ander voor te laten gaan op onze eigen behoeften.)
2. Vergelijk de plichten van de man en de vrouw (er wordt meer over de man gesproken als gevolg van de destijds heersende cultuur, waar de man het totale beheer had over het huishouden).
   - de plicht van de man: *'Mannen, heb uw vrouw lief, zoals Christus de kerk heeft liefgehad en zich voor haar heeft prijsgegeven om haar te heiligen, haar te reinigen met water en woorden en om haar in al haar luister bij zich te nemen, zodat ze zonder vlek of rimpel of iets dergelijks zal zijn, heilig en zuiver. Zo moeten mannen hun vrouw liefhebben als hun eigen lichaam'*.
   - de plicht van de vrouw: *'Vrouwen, erken het gezag van uw man als dat van de Heer'*.
3. 'Hoofd' betekent niet noodzakelijk 'leider'. Paulus wil de nauwe relatie tussen man en vrouw in het huwelijk benadrukken. Zij kunnen niet meer onafhankelijk van elkaar handelen.
4. Dienend leiderschap betekent verantwoordelijkheid nemen in plaats van de zaken overlaten aan onze echtgenoot of echtgenote, eerder initiatief nemen dan controle uitoefenen.
5. De hele passage staat in de context van het zoeken naar Gods wil en niet in het proberen je eigen wil op te leggen: *'Onderzoek wat de wil van de Heer is... probeer te begrijpen wat de Heer wil'* (Efeziërs 5:10,17).

Bijlage 3: Leessuggesties uit de Bijbel voor je huwelijk

Psalm 19, 84, 85, 91, 121, 139:1-18

Prediker 4:9-12

Hooglied 8:6-7

Jesaja 40:25-31

Johannes 2:1-11

Johannes 15:1-4, 9-17

1 Korintiërs 13:1-8(a)

Efeziërs 3:14-21

Efeziërs 5:21-33

Filippenzen 2:1-11

Kolossenzen 3:12-17

1 Johannes 4:7-16

Bijlage 4: De trouwbelofte

Wij zijn als gemeente bijeen om het huwelijk van .... en .... voor Gods aangezicht te bevestigen en om met hen en voor hen zijn zegen te vragen. De kerk van Jezus Christus belijdt dat het huwelijk een door God geschonken inzetting is: een gemeenschap voor het hele leven, waarin het aan twee mensen gegeven wordt elkaar te verblijden en te dienen, liefde en trouw te schenken en te ontvangen, in voorspoed en in tegenspoed.

Wanneer een man en een vrouw een verbond sluiten in de naam van de Heer, spreken zij tezamen uit dat zij elkaar in liefde volledig willen toebehoren en elkaar trouw terzijde willen staan in alle dingen. Samen zullen zij zoeken naar de wil van God met hun leven. Samen zullen zij de kinderen, zo die hun worden toevertrouwd, voorgaan in het leven met de Heer en zijn gemeente. Samen zullen zij hun opdracht in de samenleving aanvaarden als man en vrouw, als mensen op weg naar de toekomst van God. Hun verbondenheid met elkaar is een gelijkenis van het verbond tussen Christus en zijn gemeente.

Ik wil jullie de volgende vragen stellen en verzoek jullie die naar waarheid te beantwoorden (ze staan op en geven elkaar de rechterhand, man staat links van de vrouw)

- Zullen jullie elkaar liefhebben, zoals Christus zijn gemeente heeft liefgehad?
- Zullen jullie elkaar in liefde dienen, elkaar in wijsheid leiden en helpen, in geduld elkaar aanvaarden en vergeven?
- Zullen jullie alle dingen met elkaar delen, zonder de ander de vrijheid te ontnemen?
- Zullen jullie in alle omstandigheden elkaar terzijde staan zonder de ander te overheersen of slaafs te volgen?
- Zullen jullie een hechte gemeenschap vormen, maar evenzeer beseffen dat jullie gezin deel is van een groter geheel; zullen jullie dus openstaan voor verantwoordelijkheden buiten eigen huis?
- Zullen jullie je werk goed doen, maar ook ervoor zorgen dat rust en vreugde hun plaats krijgen en het leven als geschenk wordt aanvaard?
- Zullen jullie elkaar steunen en bemoedigen in je geloof in Jezus Christus?

Wat is daarop jullie antwoord?

(Eventueel kunnen ze nu aan elkaar een belofte van trouw afleggen)

Ik ....,
neem jou, ...,
tot mijn wettige echtgenote/echtgenoot,
in liefde en trouw,
in goede en kwade dagen,
in rijkdom en armoede,
in gezondheid en ziekte,
tot de dood ons zal scheiden,
in overeenstemming met Gods heilige inzettingen.

(Eventueel hier wisselen van ringen)

(Volgt gebed en de zegen. Het echtpaar knielt op de knielbank bij zowel gebed als zegen.)

Gebed:
Heer, onze God
God van het verbond,
wij bidden u voor deze beiden,
man en vrouw,
verbonden in Uw naam:
help hen
dat zij elkaar tot hulp zullen zijn;
bewaar en vernieuw hun liefde en trouw
door Uw nabijheid
in goede en kwade dagen,
door Jezus Christus, onze Heer
Amen.

Zegen:
De God van Abraham, Izak en Jakob,
de Vader van onze Heer Jezus Christus,
Hij zal jullie zegenen en behoeden,
opdat je in vrede en vreugde zult samenleven, al jullie dagen, tot zegen van velen.
Amen.

Bijlage 5: Aanbevolen boeken

Gary Chapman, *De vijf talen van de liefde*, Medema, 1996

Gary Chapman, *De andere kant van de liefde*, Medema, 2002

Gary Chapman, *Huwelijk, verbond voor het leven*, Medema, 2003

Dr. Henry Cloud & dr. J. Townsend, *Grenzen in het huwelijk*, Novapres, 2001

Willard F. Harley, *Wat wil hij, wat wil zij?* Gideon, 1994

Nicky en Sila Lee, *Ik ook van jou*, Buijten & Schipperheijn, 2004

Rob Parsons, *Het 60-minuten huwelijk*, Gideon, 1999

Benno van den Toren, *Groeien naar een christelijk huwelijk*, IZB, 1997

L.M. Vreugdenhil, *Ik beloof je trouw*, Boekencentrum, 1992

Notities

www.ingramcontent.com/pod-product-compliance
Lightning Source LLC
LaVergne TN
LVHW010747270826
846327LV00013B/89
9789077565094